Ein Weihnachtswunder namens Fred

REBECCA ELBS

Ein Weihnachtswunder namens FRED

Mit Bildern von Lena Winkel

Als Papa sich so richtig schlimm vertippte

»Hier ist sie doch, Emma!« ruft Mama und stopft meine
Sonnenkappe in die linke Tasche meiner Winterjacke.
»Die lag ganz unten in einer der Umzugskisten. Oder willst
du dir auf den Kanaren einen Sonnenstich holen?«

Ich schüttele den Kopf und sehe zu meinem kleinen
Bruder Paul, der sich an seinem Weihnachtsglas mit
Glitzersternen und seinen Schätzen darin festhält. Er sitzt
wie ein König auf unserem größten Koffer im Hausflur.
Zwischen Mama, Papa, mir und all den Umzugskisten, die
wir immer noch nicht ausgepackt haben. Obwohl wir
schon eine ganze Weile in Opa Freds Haus wohnen.

»Jetzt habe ich fast die Flugtickets vergessen!«, ruft Papa
und wird ganz weiß im Gesicht. »Da hätten wir nachher am
Flughafen ganz schön blöd aus der Wäsche geschaut.
Stellt euch vor: Am Ende müssten wir über Weihnachten doch hier bleiben. In diesem
ganzen Chaos!«

Während Papa ins Wohnzimmer rennt, denke ich, dass ich viel lieber Weihnachten hier feiern würde. So wie immer. Auch, wenn Opa Fred im Frühjahr an seinem Alter gestorben ist und ich ihn ganz furchtbar vermisse.

Dann wäre wenigstens nicht gleich alles in unserem Leben anders.

Ich glaube ja, Mama und Papa wollen dieses Jahr Weihnachten heimlich ausfallen lassen. Und deswegen fliegen wir auf diese Insel. Dort gibt es wahrscheinlich sehr viel Sand, Sonne und Meer und eher weniger Weihnachtsschmuck, Kinderpunsch und Schnee.

Mama hat jedenfalls vor ein paar Tagen zu Papa gesagt, dass Weihnachten ohne Opa Fred keinen Sinn macht. Und Papa hat genickt, weil er das anscheinend auch findet. Paul ist nicht alt genug, das irgendwie zu finden.

Aber ich finde, das haben Mama und Papa nicht so wirklich zu Ende gedacht. Ich bin zwar erst acht, aber so viel habe ich verstanden.

Es ist nämlich so, dass ohne Opa Fred überhaupt nichts mehr Sinn macht. Keine Guten-Morgen-Geschichte im Baumhaus, keine Mini-Waffeln mit Holundermarmelade und nicht mal eine Schatzsuche im Wald. Aber ein Urlaub auf irgendeiner Insel macht ja wohl am allerwenigsten Sinn.

Und deswegen sollten wir Weihnachten genau so feiern, wie Opa Fred es sich gewünscht hätte. Hier bei ihm zu Hause. Ohne ihn, aber mit ganz viel Blimblim und Glitzer und Lichterketten.

»Emma«, hat er immer gesagt, »es gibt nichts Magischeres als den Tag, an dem ich endlich wieder meine Weihnachts-kiste aus dem Schuppen holen darf.« Und dann zwinkerte er mir zu und holte uns einen Weihnachtskeks.

Die gab's bei Opa Fred nämlich immer.

Im März, im Mai und auch mitten im August.

»Wie schön, du hast uns ja auch schon Flugtickets für nächstes Jahr gebucht!«, sagt Mama und sieht auf den Zettel, den ihr Papa gerade in die Hand gedrückt hat.

»Habe ich nicht. Nur für dieses Weihnachten. Wie kommst du denn darauf?«, fragt Papa, während er Paul die Schuhe zubindet.

»Weil es hier steht. Abflug, Flughafen Köln-Bonn: 23. Dezember nächstes Jahr um 15 Uhr 30. Darum.«

Papa starrt auf den Zettel. Erst werden seine Augen so groß wie Mandarinen und dann sagt er: »Da muss ich mich wohl ganz übel am Computer vertippt haben.«
Mama reißt die Augwen auf. »Das kann doch jetzt alles nicht wahr sein!« ruft sie, stapft in die Küche und knallt die Tür hinter sich zu.

Und dann ist es erstmal sehr lange sehr still bei uns.
Papa sitzt einfach nur auf einer der Umzugskisten im Flur,
starrt auf diesen Zettel und sagt kein Wort.

Als es bei uns im Flur plötzlich schneite

»Und was sollen wir jetzt bitteschön über Weihnachten machen?«, fragt Mama, als sie nach einer Ewigkeit mit einer Tasse Tee in der Hand wieder bei uns im Flur steht.

Sie sieht Papa dabei ganz genau so an, wie wenn er vergessen hat, die leeren Marmeladengläser und Flaschen zum Container zu fahren.

Bevor es wieder so still wird, rufe ich: »Wir feiern Weihnachten einfach hier! So, als ob Opa Fred noch da wäre!«

In meinem Kopf hatten sich diese Worte richtig genial angehört. Aber jetzt würde ich sie am liebsten zurück in meinen Mund stopfen.

Mama darf auf keinen Fall wieder nasse Augen bekommen.

»Au ja! Weihnachten bei Opa Fred!«, ruft Paul, schüttelt sein Weihnachtsglas und strahlt übers ganze Gesicht.

Ich halte die Luft an. Aber dann merke ich, dass es noch mal gut gegangen ist: Anstatt traurig auszusehen, lächelt Mama Paul an und kurz darauf mich. Und dann sogar Papa.

Paul und sein Weihnachtsglas sind ja auch eine ziemlich lustige Sache.

Paul denkt nämlich, dass er Weihnachten in diesem Glas einfangen kann.

Dabei ist es gar nicht so besonders. Er hat einfach Glitzersterne auf ein leeres Saure-Gurken-Glas geklebt. Und dann ein paar seiner Weihnachtsfunde reingestopft: einen kleinen Nussknacker mit einem Bein, eine kaputte Lichterkette aus Opa Freds Schuppen und eine leere Walnuss mit Wurmlöchern aus dem Garten.

Aber das Lustige sind nicht Pauls Weihnachtsfunde. Opa Freds Haus ist ja voll davon.

Viel lustiger ist, dass Paul denkt, es passiert etwas richtig Magisches, wenn er das Weihnachtsglas immer wieder fest schüttelt und irgendwann dann den Deckel öffnet.

»Eigentlich wollte ich vor diesem ganzen Chaos hier auf die Insel fliehen«, murmelt Mama, seufzt und sieht von einer Umzugskiste zur nächsten. »Aber daraus wird wohl nichts.«

»Mach dir darüber mal keine Sorgen, Schatz«, sagt Papa schnell und legt einen Arm um Mamas Schultern. »Onkel Max und ich räumen die Kisten weg und dann ist hier von dem Chaos keine Spur mehr. Er müsste sowieso gleich klingeln. Der weiß ja noch gar nicht, dass er uns nicht mehr zum Flughafen fahren muss.«

»Aber ...«, sagt Mama noch, als es an der Türe kratzt.

»Du darfst ruhig klingeln, Max! So wie andere Menschen auch!«, ruft Papa und grinst.

Doch als Papa die Tür öffnet, kreischen wir alle los.
Weil nämlich nicht Onkel Max zu uns in den Flur läuft.
Sondern ein Tier, das aussieht wie ein Eichhörnchen, ein
Biber oder eine sehr seltsame Katze. Oder alles zusammen.

Es hat ein Halsband mit Glöckchen um den Hals und
springt von einem Umzugskarton zum anderen. So, als ob
es eine Goldmedaille im Weitsprung gewinnen wollte.

Schließlich landet es mit Karacho in dem offenen Karton
mit den Styroporfetzen.

Und plötzlich wirbeln genau diese Fetzen durch
unseren ganzen Flur und landen überall:
auf der Kommode mit dem Telefon, auf den
Umzugskisten und auf dem Boden.
Jetzt sieht es in Opa Freds Haus richtig
weihnachtlich aus. Oder jedenfalls so,
als hätte es reingeschneit.

Als wir plötzlich einer mehr waren

Ich glaube ja immer noch, dass Weihnachten bei uns dieses Jahr ausfällt. Obwohl es gestern in unserem Flur Styropor geschneit hat und wir hier bleiben, in Opa Freds altem Haus. Das ist jetzt nämlich unser Zuhause. Auch, wenn es sich noch nicht so anfühlt.

Mama sagt, sie würde ja eigentlich gern alles ein bisschen mehr wie unsere alte Wohnung einrichten. Aber Opa Freds Sachen wegtun will sie nicht. Weil ihr Herz dann in tausend Stücke zerspringt.

Und das kann ich auch wieder verstehen.

Gestern war jedenfalls noch ein sehr chaotischer Tag. Nachdem Onkel Max dann doch noch irgendwann bei uns geklingelt und Papa den Styropor-Schnee weggesaugt hatte, haben die beiden unsere Umzugskisten ausgeräumt und die leeren Kartons und Schachteln in mein Zimmer gestellt.

»Damit die erst mal aus dem Weg sind«, sagte Papa. »Nur bis nach Silvester, wenn die Maler kommen.«

Also, ich finde, das hat Papa auch nicht wirklich zu Ende gedacht. Mir stehen die leeren Umzugskisten nämlich sehr im Weg.

Und dann hat sich noch herausgestellt, dass das Katzen-Biber-Eichhörnchen, das gestern in unseren Flur raste, gar keine Katze, kein Eichhörnchen und auch kein Biber ist.

Es ist ein waschechtes Frettchen. Und das muss jemandem entlaufen sein. Sagte Onkel Max jedenfalls. Und Onkel Max weiß sowas. Der ist nämlich einmal fast Tierarzt geworden. Und weil dieses Frettchen ein Halsband mit einem Glöckchen um den Hals trägt, wird es sicher von irgendjemandem vermisst.

Aber weil die Besitzer von dem Frettchen leider keine Telefonnummer auf das Halsband geschrieben haben, hat Onkel Max beim Tierheim angerufen.

Es gibt anscheinend jede Menge Menschen, die ein Frettchen vermissen. Und deswegen kommen die vom Tierheim nachher vorbei, um unseres abzuholen.

Wir haben gestern noch Katzenfutter bei unserer Nachbarin gegenüber ausgeliehen und unserem Frettchen im Schuppen ein richtiges Schlafnest gebaut. Aus einem Wäschekorb, alten Kissen und Stroh. Und dort schläft es seit gestern Nachmittag fast die ganze Zeit.

Ich weiß das, weil ich seit gestern
Nachmittag auch sehr viel Zeit
im Schuppen verbringe.

Ich finde, unser Frettchen sieht sehr süß aus, während es schläft.

Der kleine Bauch geht immer rauf und runter und ab und zu zuckt es.

So, als würde es etwas richtig Schlimmes träumen.

Ginge es nach mir, würden wir es ja behalten.

Auch, weil Mama schon lange nicht mehr so laut gelacht hat wie gestern, als es Katzenfutter aus ihrer Hand geschleckt hat.

»Fred!«, ruft Paul. »He, Fred schläft ja immer noch!«

Ich habe gar nicht gemerkt, dass Paul und Mama in den Schuppen gekommen sind. Paul kuschelt sich neben mich und schaut unserem Frettchen auch beim Schlafen zu.

Mama steht hinter ihm und hält die Luft an. Wahrscheinlich, weil Paul dem Frettchen ausgerechnet Opa Freds Vornamen gegeben hat.

Kann man aber auch wieder verstehen. Fred und Frettchen klingen schon sehr ähnlich.

Und dann sehen wir alle Fred beim Schlafen zu.

Mama krault ihn sogar nach einer Weile ganz leicht am Kopf und sagt: »Also, süß ist es ja schon, unser neues Familienmitglied.«

Doch dann starrt sie plötzlich auf die Weihnachtkiste von Opa Fred, die sich beim Herumräumen wohl geöffnet hat. So, als ob sie nicht glauben könnte, was sie da sieht.

Paul und ich laufen schnell zur Weihnachtskiste und schauen hinein. Ich kann es auch nicht glauben: Zwischen Weihnachtsbaumkugeln, Engeln und einer Lichterkette entdecken wir lauter Schildchen mit unseren Namen in Opa Freds Schrift drauf.

Und an den Schildchen hängen Weihnachtspäckchen dran.

Mama zieht ganz vorsichtig ein Päckchen nach dem anderen heraus. Jedes ist in Weihnachtspapier gewickelt und mit Bändern verschnürt.

»Das sind doch ...« murmelt Mama.

»Unsere Geschenke!«, ruft Paul und fischt noch mehr Päckchen aus der Kiste. Große, kleine, eckige und sogar eines, das länger ist als Paul hoch.

»Opa Fred hat uns noch Weihnachts-päckchen gepackt. Letzten Sommer ... Das hat er immer so gemacht, er hat schon im Sommer die Geschenke fürs kommende Weihnachten verpackt ... wie konnte ich das nur vergessen?«, flüstert Mama.

Ich schlucke.

Weil Mamas Augen wieder voller Wasser sind.

Ich will sie gerade in den Arm nehmen, komme aber nicht dazu.

Weil plötzlich Papa im Schuppen steht und ruft: »Bringt ihr das Frettchen rein? Die Frau vom Tierheim ist da!«

Als die Magie aus Pauls Weihnachtsglas kullerte

Paul hatte am Ende aber doch noch recht. Mit seinem magischen Weihnachtsglas.

Als nämlich die Frau vom Tierheim Fred wegtragen wollte, sind Mama die Tränen nur so über die Backen gelaufen. Und dann hat Paul sein Weihnachtsglas fallen lassen.

Das kullerte den ganzen Hausflur entlang. So, dass alle Weihnachtsfunde durcheinander geschüttelt wurden. Zum Schluss fiel auch noch der Deckel ab. Und genau in dem Moment tauchte vor der Haustür Opa Freds ältester Freund auf.

Der heißt Nachbar Bernd. Und der erzählte uns ganz aufgeregt, dass er von Onkel Max gehört hat, dass uns ein Frettchen mit einem Glöckchen-Halsband zugelaufen ist. Und dass das wahrscheinlich seins wäre. Weil ihm eins von seinen beiden weggelaufen ist.

Außerdem hat er Mama eine Tüte Weihnachts-Spekulatius in die Hand gedrückt. Genau die, die Opa Fred immer so gerne gegessen hat.

Und da hat Mama plötzlich angefangen, ganz fest zu
schluchzen. Papa, Paul und ich haben sie gleich gedrückt.
Ziemlich fest und ziemlich lange.
Bis es Mama ein bisschen besser ging.

Nachbar Bernd schaute sich Fred genau an
und erkannte ihn sofort, auch am Halsband.
»Wie schön, dann werde ich hier wohl
nicht mehr gebraucht«, hat dann
die Frau vom Tierheim ziemlich
schnell gesagt und wünschte
uns noch schöne Weih-
nachten.

Aber als Nachbar Bernd Fred dann mitnehmen wollte, fing Mama wieder an zu schluchzen und Papa lud Bernd erst mal auf eine Tasse Tee und ein paar Spekulatius ein.

Ich glaube, um Zeit zu gewinnen.

Während wir Tee tranken, wurde Nachbar Bernd immer stiller und schaute zu, wie Mama und ich abwechselnd Fred im Nacken kraulten.

Und dann meinte er plötzlich, dass seine Frau Gerlinde die Frettchen sowieso schon lange weggeben will. Es wird ihr einfach zu viel. Sie müssten nur beide zusammen bleiben.

»Dann dürfen wir Fred behalten?«, fragte Mama und blinzelte ein paar Tränen weg.

Als Nachbar Bernd nickte, fiel ihm Mama um den Hals. Und ich finde schon, dass das alles ziemlich magisch ist.

Jedenfalls ist es so, dass Weihnachten bei uns jetzt doch nicht ausfällt.

Wir sitzen gerade nämlich alle zusammen hier in unserem Wohnzimmer auf dem Sofa: Mama, Papa, Paul, Onkel Max, Nachbar Bernd, seine Frau Gerlinde und ich.

Das zweite Frettchen zieht erst morgen ein. Und Frettchen Fred sitzt nicht bei uns. Aber dafür schläft es ganz friedlich und ohne zu zucken in seinem Schlafnest, das Mama aus dem Schuppen geholt und in unser Wohnzimmer gestellt hat.

Und zwar direkt neben unseren Weihnachtsbaum.

Unseren Weihnachtsbaum aus gestapelten Umzugskisten und Pappschachteln, die wir vorhin noch mit grüner Farbe angemalt haben. Wir haben sogar was von Opa Freds Weihnachtsschmuck drangeklebt. Mit Kreppband. Und ein paar Lichterketten drumgebunden haben wir auch.

Jetzt knabbern wir Spekulatius-Kekse
und erzählen uns Geschichten
über Opa Fred.

Jeder von uns hat eines
seiner Päckchen auf dem Schoß,
die er für uns im August ein-
gepackt hat. Aber mit dem
Auspacken warten wir noch.

Ein ganz kleines
bisschen jedenfalls.

© Bianca Weimer

Bevor Rebecca Elbs die Bedeutung von Buchstaben kannte, bastelte sie Bücher aus buntem Tonpapier und Heftklammern. Seit dem Tag, an dem sie endlich in die Schule durfte, hat sie nicht mehr aufgehört zu lesen und zu schreiben. Für das Manuskript von *Leo und Lucy – Die Sache mit dem dritten L* gewann sie 2020 den Kirsten-Boie-Förderpreis. Im Jahr 2022 folgte das Kranichsteiner Kinderliteratur-Stipendium des Deutschen Literaturfonds und des Arbeitskreises für Jugendliteratur und der Titel wurde für den Deutsch-Französischen Jugendliteraturpreis nominiert.

© Marie Becker

Lena Winkel wuchs im Westerwald auf und studierte Illustration in Hamburg und Paris. Seit 2014 illustriert sie Kinder- und Bilderbücher für alle möglichen Verlage und veröffentlicht Comics. Dafür wurde sie 2023 mit dem Preis der Berthold Leibinger Stiftung ausgezeichnet und 2024 mit dem Uwe Lüders Preis. Frettchen findet sie ziemlich gut.

Von Rebecca Elbs bei Carlsen

Leo und Lucy – Die Sache mit dem dritten L (Band 1)
Leo und Lucy – Der dreifache Juli (Band 2)
Leo und Lucy – Chaos hoch drei (Band 3)

Wir produzieren nachhaltig
- Klimaneutrales Produkt
- Papiere aus nachhaltigen und kontrollierten Quellen
- Hergestellt in Europa

FSC
www.fsc.org

MIX
Papier | Fördert
gute Waldnutzung
FSC® C002795

Carlsen-Newsletter: Tolle Lesetipps kostenlos per E-Mail!
Unsere Bücher gibt es überall im Buchhandel und auf carlsen.de

© 2024 Carlsen Verlag GmbH, Völckersstraße 14–20, 22765 Hamburg
Umschlag- und Innenillustrationen © Lena Winkel
Umschlaggestaltung und -typografie: formlabor
Lektorat: Franziska Leuchtenberger
Satz, Layout und Herstellung: Karen Kollmetz
Lithografie: Margit Dittes, Hamburg
ISBN 978-3-551-55848-0

Bevor Rebecca Elbs die Bedeutung von Buchstaben kannte, bastelte sie Bücher aus buntem Tonpapier und Heftklammern. Seit dem Tag, an dem sie endlich in die Schule durfte, hat sie nicht mehr aufgehört zu lesen und zu schreiben. Für das Manuskript von *Leo und Lucy – Die Sache mit dem dritten L* gewann sie 2020 den Kirsten-Boie-Förderpreis. Im Jahr 2022 folgte das Kranichsteiner Kinderliteratur-Stipendium des Deutschen Literaturfonds und des Arbeitskreises für Jugendliteratur und der Titel wurde für den Deutsch-Französischen Jugendliteraturpreis nominiert.

Lena Winkel wuchs im Westerwald auf und studierte Illustration in Hamburg und Paris. Seit 2014 illustriert sie Kinder- und Bilderbücher für alle möglichen Verlage und veröffentlicht Comics. Dafür wurde sie 2023 mit dem Preis der Berthold Leibinger Stiftung ausgezeichnet und 2024 mit dem Uwe Lüders Preis. Frettchen findet sie ziemlich gut.

Von Rebecca Elbs bei Carlsen

Leo und Lucy – Die Sache mit dem dritten L (Band 1)
Leo und Lucy – Der dreifache Juli (Band 2)
Leo und Lucy – Chaos hoch drei (Band 3)

Wir produzieren nachhaltig
• Klimaneutrales Produkt
• Papiere aus nachhaltigen und kontrollierten Quellen
• Hergestellt in Europa

MIX
Papier | Fördert gute Waldnutzung
FSC
www.fsc.org   FSC® C002795

Carlsen-Newsletter: Tolle Lesetipps kostenlos per E-Mail!
Unsere Bücher gibt es überall im Buchhandel und auf carlsen.de

© 2024 Carlsen Verlag GmbH, Völckersstraße 14–20, 22765 Hamburg
Umschlag- und Innenillustrationen © Lena Winkel
Umschlaggestaltung und -typografie: formlabor
Lektorat: Franziska Leuchtenberger
Satz, Layout und Herstellung: Karen Kollmetz
Lithografie: Margit Dittes, Hamburg
ISBN 978-3-551-55848-0